Inhalt

IT-Kosten - Lifecycle Management und Prozesskostenanalyse sind auch für das IT-Controlling unverzichtbar

Kernthesen

Beitrag

Fallbeispiele

Weiterführende Literatur

Impressum

IT-Kosten - Lifecycle Management und Prozesskostenanalyse sind auch für das IT-Controlling unverzichtbar

M. Westphal

Kernthesen

- Die IT-Strukturen sind in vielen Unternehmen unübersichtlich und erlauben daher kein sinnvolles Kostencontrolling.
- Die Wirtschaftlichkeit von IT-Investitionen wird häufig nur unter Berücksichtigung einiger aber lange nicht aller resultierenden

Kostenblöcke beurteilt.
- Nur eine ganzheitliche Betrachtung sämtlicher Kosten und Kosteneinsparungen über den gesamten Lebenszyklus hinweg ermöglicht eine aussagekräftige Wirtschaftlichkeitsanalyse der installierten Software- und Hardware-Architektur.

Beitrag

Das IT Lifecycle Management kann die Übersichtlichkeit und Wirtschafltichkeit der IT-Systeme erhöhen.

In vielen Unternehmen sind die IT-Strukturen über lange Zeit gewachsen. Das führt zu einer hohen Heterogenität und Unübersichtlichkeit. Der Wunsch nach mehr Übersichtlichkeit kann über das IT Lifecycle Management befriedigt werden. Das eigentliche Ziel besteht in einer sinnvollen und problemmindernden Abstimmung der IT-Systeme des Unternehmens, um Betriebs- und Managementkosten zu senken. (7)
Wesentliche strukturelle Fragen sind:
- Wo steht welcher Computer, wie alt ist er und welche Software läuft auf ihm
- Welche Wartungsverträge bestehen? Welche Garantie- und Service-Leistungen gibt es? (7)

Die IT-Systeme und damit auch ihr Controlling müssen sich an den Geschäftsprozessen orientieren

Der Ruf nach Kosten- und Leistungstransparenz für IT-Projekte wird immer lauter. Die IT-Verantwortlichen betrachten ihre Arbeit häufig von der eigenen Warte aus, etwa als Netzleistung oder Speicherkapazität. (6)
Die Voraussetzung für eine zukunftsorientierte erfolgreiche Implementierung von IT-Lösungen ist zunächst ein integriertes Geschäftsprozessmanagement. Erst dann können unternehmensstrategische Entscheidungen und die entsprechend resultierenden Prozesse in eine service-orientierte Architektur überführt werden.
Die inzwischen sehr modular aufgebauten Software-Architekturen erlauben flexible Lösungen für die Unterstützung der individuellen Geschäftsprozesse (1)
Für den Controller ist es wichtig, die für einen Geschäftsprozess notwendigen IT-Services zu einem IT-Produkt zu bündeln. Dann lassen sich mit Hilfe der Prozesskostenrechnung die direkten und indirekten Kosten einem solchen Vorgang zuordnen.

Voraussetzung hierfür ist aber auch, dass das IT-Produkt eindeutig definiert wird. (6)
Zu unterscheiden sind drei Varianten der Kostenrechnung:
1. Request for Existing Services
2. Request for Change (Veränderung eines bestehenden IT-Produkts)
3. Request for New Services (6)

Der aus dem Marketing entlehnte Begriff des Produktlebenszyklus ist auch für das IT-Controlling von hoher Relevanz

Im Marketing gibt es den Begriff des Produktlebenszyklus. Dieser unterscheidet für Produkte die Phasen Einführung, Wachstum, Reife und Rückgang. Auch für IT-Vorhaben ist es möglich eine derartige Systematisierung anzuwenden. Diese Projekte gliedern sich typischerweise in eine
- Planungs-
- Realisierungs- und
- Betriebsphase. (5)

Die **Planungsphase** umfasst hierbei-
Bedarfsermittlung- Organisatorische Maßnahmen

- Information und Beratung verantwortlicher Stellen
- Teilnahme an Sitzungen / Gremienarbeit
- Erarbeitung von Konzepten und Richtlinien
- IT-Planung
- Allgemeine Koordination und Steuerung
- Wirtschaftlichkeitsuntersuchung / Planungsgrundlage (5)

Die **Realisierungsphase** umfasst:- Beschaffung, Ersatzbeschaffung von Hard- und Software- Erstinstallation von Hard- und Standardsoftware
- Erstinstallation von Fach- und Querschnittsverfahren
- Software-Erstellung
- Software-Weiterentwicklung
- Hard- und Software-Roll-Out
- Soft- und Hardware-Prüfung
- Schulung
- Projektmanagement (5)

Die **Betriebsphase** umfasst:- Wartung von Hardware- Pflege von Software
- Administration von Datenbanken
- Help-Desk und Fehleranalyse
- Produktionssteuerung
- Datenschutz und Datensicherung
- Verschrottung
- Information verantwortlicher Stellen
- Lizenzmanagement

- Schulung
- Betreuung der Anwendenden (5)

Aber auch an die Qualität müssen Mindestanforderungen gestellt werden, die Basis der Wirtschaftlichkeitsbetrachtung sein müssen:
- Durchschnittliche Zufriedenheit der Nutzenden mit der Verfügbarkeit
- Erreichbarkeit des User-Helpdesks
- Lösungsquote First Level Support
- Tatsächliche Zugangszeiten zum Inhousenetz
- Tatsächliche Zugangszeiten zum Verfahren (5)

Diese Indikatoren müssen auch regelmäßig während der gesamten Laufzeit erhoben werden. (5)

Das Lifecycle-Controlling berücksichtigt die Kosten und Kosteneinsparungen über die gesamte Lebenszeit eines Projektes hinweg

Im Rahmen des Lifecycle-Controlling werden im Gegensatz zur traditionellen Kostenrechnung die Kosten dem Ertrag von Anlagen oder Produkten

nicht nur isoliert für jedes Jahr einzeln, sondern über die gesamte Lebenszeit hinweg gegenüber gestellt. Das heißt, dass ein Lifecycle-Controller nicht nur die Kosten der Anschaffung berücksichtigt, sondern auch die gesamten aus der Maßnahme resultierenden Kosten wie Planung, Betrieb und Abbau am Ende des Produktlebens.
Zu vergleichen ist dieses Lifecycle-Controlling mit den Überlegungen beim Autokauf und dem ganzheitlichen Vergleich der Anschaffungskosten zusammen mit den Folgekosten. So kann zwar Auto A in der Anschaffung deutlich günstiger sein, aber höhere Versicherungsbeiträge, höhere Treibstoffkosten oder teurere Reparaturen nach sich ziehen.
Schon bei der Gestaltung eines Produktes werden etwa 95 Prozent der Gesamtkosten festgelegt. Die Kostenrechnung erfasst davon aber zu diesem Zeitpunkt nur etwa 15 Prozent. Wichtig ist es, wirklich alle Kosten zu erfassen. Im Rahmen der Neuinstallation einer Software heißt das, dass auch berücksichtigt werden muss, dass sich damit die unternehmensinternen Abläufe ändern. Daraus resultiert zum einen die Erfassung dieser Change-Kosten aber auch die Berücksichtigung, ob die neuen Prozesse auch effizienter sind und die entsprechenden Kosteneinsparungen die Gesamtkosten der Anschaffung und des Betriebs mindestens kompensieren. (4)

Wie schnell sich die Einführung eines Lifecycle Managements in der IT amortisiert lässt sich schwer beziffern. Diese Zeitspanne ist auch abhängig von der Höhe der Investitionskosten für das System sowie die Unterhaltskosten. Ohne ein Lifecycle Management sind Kosten und Einsparpotenziale aber überhaupt nicht transparent sichtbar. (7)

Auch in der öffentlichen Verwaltung setzt sich IT-Controlling mit modernen Methoden durch

Auch die öffentliche Verwaltung hat im Zuge von E-Government mit dem Ziele der einfachen, schnellen und kostengünstigen Bereitstellung von Leistungen die Erhöhung der Kundenorientierung und Effizenz der Verwaltung im Visier. Aber auch hier muss eine ganzheitliche Planung der entstehenden Kosten mit den möglichen gesamten Kosteneinsparungen verglichen werden, um die Effizenz der einzelnen Maßnahmen zu klären. (5)
So führen die Initiativen im Rahmen des E-Government alleine im Zeitraum 2001 bis 2005 zu Investitionen von 1,3 bis 1,6 Milliarden Euro. Viele

Projekte werden von ihrer Nutzenseite her bisher nur qualitativ beschrieben. Quantitative Aussagen sind leider noch sehr selten. Aber es muss bei Vorhaben derartiger Dimension nicht nur der Anschub berücksichtigt werden. Vor allem müssen die für die spätere effiziente Nutzung anfallenden Kosten dieser Anwendungen und Dienste berücksichtigt werden, um eine fortwährende Wirtschaftlichkeitsanalyse durchführen zu können. (5)

Fallbeispiele

Die CIBER Novasoft GmbH erweitert ihr Leistungsspektrum konsequent in die Richtung, jederzeit in der Lage zu sein, für SAP-Anwender maßgeschneiderte Weiterentwicklungen ihrer IT-Strukturen zu gewährleisten. Dabei wird in Zukunft der gesamte IT-Lifecycle umfasst, von der SAP-Implementierung bis zur Integration von Lösungen von Dritt-Anbietern oder Outsourcing-Lösungen. Ziel ist es, ein Maximum an Kosten- und Zeiteffizienz zu garantieren. (2)

Das Software-Unternehmen Mercury hat auf seiner Veranstaltung Mercury World 2005 seine integrierte

Suite für Business Technology Optimization vorgestellt. Sinn dieser Suite ist die betriebswirtschaftliche Optimierung der Unternehmens-IT. So sind auch komplette Change-Prozesse als Lifecycle automatisiert abbildbar. (3)

Die Stadtverwaltung Ludwigshafen hat im Zuge der Effizienzsteigerung ihrer IT-Landschaft den Dienstleister BASF IT Services mit dem Austausch von 1 200 der 1 600 Arbeitsplatz-PC beauftragt. Die Zahl der eingesetzten Programme sinkt auf 400 was eine Reduktion um etwa ein Drittel ausmacht. So hat sich die Stadt im Falle von zwei in Nutzung befindlichen Anwendungen mit gleichem Nutzen jeweils immer nur für eine entschieden. Viele Unternehmen schrecken aber vor zu großer Standardisierung zurück, da die hohen Migrationskosten und die Risiken bei der Umstellung gefürchtet werden. Allerdings langt häufig ein Vergleich der Kosten vorher/nachher, um derartige Vorbehalte zu entkräften. (7)

Weiterführende Literatur

(1) IDS Scheer ebnet Kunden den Weg zur Enterprise Service Architecture (ESA)
aus news aktuell, 2006-02-09

(2) CIBER NOVASOFT ERWEITERT

LEISTUNGSSPEKTRUM / Heidelberger Unternehmen setzt neue Standards für SAP Services
aus news aktuell, 2006-02-07

(3) IT-Infrastruktur betriebswirtschaftlich optimiert im Griff
aus iX - Magazin für professionelle Informationstechnik, 12/2005, S. 42

(4) Kostenkontrolle von Geburt an Lifecycle-Controlling berücksichtigt sämtliche Aufwendungen für ein Produkt schon in der Frühphase. Das wird immer wichtiger für Unternehmen.
aus Financial Times Deutschland vom 15.11.2005, Seite 3

(5) Garbe, Marc-Stephan / Schneider, Andreas W., IT-Kosten-Controlling in der Verwaltungspraxis am Beispiel Land Berlin, Controlling, Heft 2, Februar 2006
aus Financial Times Deutschland vom 15.11.2005, Seite 3

(6) Endlich Klarheit: Das kostet die IT
aus Computerwoche, 17.02.2006, Nr. 7 Seite 62

(7) Zeitsprung Wildwuchs bei der Informationstechnologie sorgt für oft horrende Folgekosten. Die lassen sich mit IT Lifecycle Management in den Griff kriegen
aus Financial Times Deutschland vom 08.02.2006, Seite ENEP13

Impressum

IT-Kosten - Lifecycle Management und Prozesskostenanalyse sind auch für das IT-Controlling unverzichtbar

Bibliografische Information der deutschen Nationalbibliothek

Die Deutsche Nationalbibliothek verzeichnet diese Publikation in der deutschen Nationalbibliografie; detaillierte bibliografische Daten sind im Internet über http://dnb.d-nb.de abrufbar.

ISBN: 978-3-7379-0031-7

© 2015 GBI-Genios Deutsche Wirtschaftsdatenbank GmbH, Freischützstraße 96, 81927 München, www.genios.de

Alle Rechte vorbehalten. Dieses Werk ist einschließlich aller seiner Teile – z.B. Texte, Tabellen und Grafiken - urheberrechtlich geschützt. Jede Verwertung außerhalb der Grenzen des Urheberrechtsgesetzes bedarf der vorherigen Zustimmung des Verlags. Dies gilt insbesondere auch für auszugsweise Nachdrucke, fotomechanische Vervielfältigungen (Fotokopie/Mikroskopie), Übersetzungen, Auswertungen durch Datenbanken oder ähnliche Einrichtungen und die Einspeicherung und Verarbeitung in elektronischen Systemen.